Ir. Aparecida Matilde Alves, fsp

SANTA BÁRBARA

HISTÓRIA E NOVENA

Paulinas

Direção-geral:	*Flávia Reginatto*
Editora responsável:	*Marina Mendonça*
Copidesque:	*Mônica Elaine G. S. da Costa*
Coordenação de revisão:	*Marina Mendonça*
Revisão:	*Ana Cecilia Mari*
Gerente de produção:	*Felicio Calegaro Neto*
Projeto gráfico:	*Jéssica Diniz Souza*

1ª edição – 2020
1ª reimpressão – 2025

Nenhuma parte desta obra poderá ser reproduzida ou transmitida por qualquer forma e/ou quaisquer meios (eletrônico ou mecânico, incluindo fotocópia e gravação) ou arquivada em qualquer sistema ou banco de dados sem permissão escrita da Editora. Direitos reservados.

Cadastre-se e receba nossas informações
paulinas.com.br
Telemarketing e SAC: 0800-7010081

Paulinas

Rua Dona Inácia Uchoa, 62
04110-020 – São Paulo – SP (Brasil)
📞 (11) 2125-3500
✉ editora@paulinas.com.br
© Pia Sociedade Filhas de São Paulo – São Paulo, 2020

Introdução

Em pleno século III d.C., Diocleciano, governador da Nicomédia – região da Bitínia, onde hoje se localiza a cidade de Izmit, na Turquia, às margens do mar de Mármara –, com dificuldade procurava controlar a crise de seu império.

Nessa época, por todo o Império Romano crescia muito o número de cristãos, inclusive entre pessoas de famílias nobres. Muitos se convertiam, eram batizados pelo bispo Zenão e se reuniam em lugares secretos para encontros de fé. Com o aumento do cristianismo, porém, as perseguições ficavam cada vez mais violentas.

Foi ali que viveu Bárbara, uma bela jovem, filha única de um rico e nobre morador chamado Dióscuro, alto e fidelíssimo funcionário do imperador. Ele não queria que Bárbara vivesse no meio da sociedade corrupta daquele tempo e, por isso, a trancou numa torre, onde era educada por tutores de confiança de seu pai.

Contudo, aquilo que parecia uma tortura, abriu a mente de Bárbara. Do alto da torre, ela começou a contemplar a natureza: as estações do ano, com suas peculiaridades, a chuva, o sol, a neve, o frio, o calor, as aves, os animais etc. Isso a levou a questionar se tudo era realmente criado pelos "deuses", como acreditavam seus tutores e o próprio povo, ou se existia "alguém" mais inteligente e poderoso por trás da criação.

Quando ela tinha por volta de 17 anos, seu pai a levou para casa, permitindo e favorecendo a visita de pretendentes que a desejassem por esposa. Apenas não lhe concedia sair pela cidade, por ser uma jovem muito bela e rica. E eram muitos os pretendentes, porém Bárbara não aceitava ninguém, pois percebia neles superficialidade e interesse, mas nenhum toque de amor verdadeiro. Tal fato levou Dióscuro a pensar que talvez isso fosse consequência do longo tempo que vivera na torre e, então, decidiu que ela deveria conhecer a cidade.

Podendo caminhar pela cidade, Bárbara conheceu os cristãos de Nicomédia, que lhe comunicaram a mensagem de Jesus Cristo e falaram-lhe, também, sobre o mistério da Santíssima Trindade.

A Boa-Nova cristã tocou profundamente o coração da jovem. Com os cristãos, ela encontrou a resposta para seus questionamentos: o Criador de tudo era o Deus único e Pai de Nosso Senhor Jesus Cristo, e não os deuses que seu povo cultuava.

Diante da verdade descoberta, Bárbara se converteu ao cristianismo de corpo e alma. Um sacerdote vindo de Alexandria lhe ministrou o Batismo e ela se tornou uma jovem fervorosa e cheia de virtudes cristãs. Em Jesus Cristo, nosso Deus e Salvador, Bárbara encontrou o sentido mais profundo da vida.

Sua conversão ao cristianismo, porém, desagradou seu pai, e Dióscuro mandou construir para ela, na torre, uma casa de banho e instalar ali duas belas janelas. Quando a obra começou, ele precisou fazer uma longa viagem, durante a qual Bárbara realizou algumas mudanças na construção: mandou abrir três janelas ao invés de duas, em homenagem à Santíssima Trindade, e esculpiu na torre uma bela cruz.

Voltando da viagem, Dióscuro foi logo saber da filha o porquê das mudanças. Bárbara foi clara e precisa: as mudanças eram símbolos de sua nova fé – três janelas, em honra ao Deus Uno e Trino, Criador de todas as coisas, e a cruz que lembrava o sacrifício do Filho de Deus para salvar a humanidade e o mundo. Isso deixou seu pai furioso.

Ao perceber que a filha estava irredutível em sua fé cristã, Dióscuro, num impulso de ira, denunciou-a ao prefeito da cidade, Marciano, que ordenou que Bárbara fosse torturada em praça pública, tentando fazer com que a jovem renegasse sua fé, o que não aconteceu nem mesmo diante dos sofrimentos mais atrozes.

Durante a tortura, Juliana – outra jovem cristã – denunciou os nomes dos carrascos, o que era expressamente proibido na época. Também ela foi presa e condenada à morte por decapitação, juntamente com Bárbara.

Bárbara – que teve os seios cortados – e Juliana foram levadas amarradas pelas ruas de Nicomédia, sob os gritos furiosos de muitas pessoas. Conduzida para fora da cidade, Bárbara foi degolada pelo próprio pai. Quando sua cabeça rolou pelo chão, um forte trovão estrondou no ar; um relâmpago flamejou no infinito e, atravessando o céu, diz a tradição, fez cair por terra o corpo sem vida de Dióscuro.

Em vista desse fato, Santa Bárbara é conhecida como protetora contra raios e trovões e considerada padroeira dos artilheiros, dos mineiros e de todos os que trabalham com fogo. Seu culto se desenvolveu antes no Oriente. A partir do século XII, sua festa foi incluída no calendário tridentino e introduzida em Roma, no dia 4 de dezembro.

No mesmo século, as relíquias de Santa Bárbara foram levadas para Constantinopla, no mosteiro de São Miguel, em Kiev, onde permaneceram até a década de 1930, quando foram transferidas para a Catedral de São Volodymir, na mesma cidade. Em novembro de 2012, o patriarca Vilaret, da Igreja Ortodoxa Ucraniana – Patriarcado de Kiev –, levou parte das relíquias de Santa Bárbara à Catedral Ucraniana de Santo André, em Bloomingdale, Illinois.

Hoje, Santa Bárbara, virgem e mártir do século III, é venerada como santa na Igreja Católica Romana, na Igreja Ortodoxa e na Igreja Anglicana. Em Portugal e no Brasil, a devoção a Santa Bárbara tornou-se muito popular, e ela é invocada, sobretudo, como protetora contra tempestades, raios e trovões.

A imagem de Santa Bárbara

A imagem de Santa Bárbara sofreu algumas variações ao longo do tempo, e ainda hoje pode aparecer com alguns detalhes diferentes, de acordo com a devoção que as pessoas atribuem à santa. Os atributos mais comuns são: a torre, a espada, o cálice e a palma.

A torre: sua experiência vivida em vista do ciúme do pai por sua beleza e, após a conversão, para afastá-la do cristianismo, quando ela mesma mandou abrir ali uma terceira janela, simbolizando a Santíssima Trindade, o que mais tarde a levou ao martírio.

O cálice: simboliza a comunhão e a remissão dos pecados pelo sangue de Cristo na cruz. Simboliza, também, a conversão de Santa Bárbara e sua proteção em favor dos agonizantes e moribundos, recordando que seus devotos fiéis e sinceros têm a promessa de não morrerem sem os sacramentos.

A espada: aparece na mão de Santa Bárbara, representando o instrumento de seu martírio – já que foi degolada pelo próprio pai – e, ainda, sua fé inabalável em Jesus Cristo.

A palma: simboliza o martírio de Santa Bárbara e de muitos santos que deram a vida por causa do Evangelho. A Igreja usa a palma, também, como símbolo da vitória de Cristo sobre o pecado.

A coroa: simboliza a vitória em Cristo, bem como sua grandeza e transparência como cristã, apesar de ter vivido como uma pessoa comum. Representa, também, a coroa da vida, a recompensa eterna para aqueles que morrem martirizados por amor a Jesus Cristo.

O manto azul: representa o céu, a morada de todos os santos, o lugar que Deus lhe reservou por sua fidelidade a ele. E, ainda, a verdade pela qual Santa Bárbara deu sua vida.

Mensagem: a grande mensagem de Santa Bárbara destina-se a todos aqueles que buscam sempre a verdade com coração sincero e aberto. Ela ensina, também, que o casamento não deve acontecer por mero interesse, mas por amor. E, por fim, nos dá uma mensagem de fé e coragem. Mártir quer dizer testemunha, e são todos aqueles cristãos que preferem morrer a negar sua fé e pecar. Este é o testemunho da jovem Santa Bárbara.

Novena

Primeiro dia

Pelo sinal da Santa Cruz, livrai-nos Deus, nosso Senhor, dos nossos inimigos... Em nome do Pai, do Filho e do Espírito Santo. Amém.

Santa Bárbara, virgem e mártir, rogai por nós!

Salmo 48(47)

> O Senhor é grande
> e muito louvável,
> na cidade de nosso Deus,
> no monte de sua santidade.
> Beleza de elevação,
> contentamento de toda a terra!
> O monte Sião é o vértice do norte,
> cidadela do rei superior.
> Deus está em suas mansões;
> como baluarte deu-se a conhecer.
>
> Porque eis que os reis se coligaram;
> juntos avançaram.
> Eles viram. Então se espantaram;
> ficaram apavorados, atropelaram-se.
> Estremecimento os agarrou ali,
> como a dor de uma parturiente,
> como o sopro do leste
> que despedaça as naus de Társis.

Como ouvimos, assim vimos,
na cidade do Senhor dos Exércitos,
na cidade de nosso Deus;
Deus a firma para sempre.

Ó Deus, identificamos tua lealdade,
no meio de teu templo.
Deus, assim como teu nome,
teu louvor chega até os confins da terra;
tua direita fica cheia de justiça.
Que o monte Sião se alegre!
Que as filhas de Judá se regozijem
por causa de teus julgamentos!

Cercai Sião! Circundai-o!
Contai suas torres!
Ponde vosso coração em sua muralha!
Percorrei suas mansões,
para que o conteis à geração futura!
Porque este é Deus, nosso Deus,
para sempre e eternamente!
Ele nos conduz sobre a morte!

Palavra de Deus: Mt 18,1-5

Naquele momento, os discípulos aproximaram-se de Jesus e perguntaram: "Quem é, então, o maior no Reino dos Céus?" Ele, chamando uma criança para perto de si, colocou-a no meio deles e disse: "Amém, eu vos digo: se não mudardes e não vos tornardes como crianças, nunca entrareis no Reino dos céus. Portanto, aquele que se humilhar como esta criança, esse é o maior no Reino dos Céus; e aquele que acolher uma criança como esta em meu nome, a mim acolhe".

Oração

Santa Bárbara, virgem e mártir, que sois mais forte que as torres das fortalezas e a violência dos furacões, a vós peço hoje esta graça: (pedir a graça...).

Fazei com que os raios não me atinjam, os trovões não me assustem, o troar dos canhões e o murmúrio da maldade e da maledicência não abalem em mim a fé, a coragem, a bravura e a confiança em Deus.

Ficai sempre a meu lado para que eu possa enfrentar, de fronte erguida e rosto sereno, todas as tempestades e batalhas de minha vida, a fim de que, vencedor de todas as lutas, com a consciência do dever cumprido e a fidelidade a nosso Senhor Jesus Cristo, nosso Salvador, eu possa vos agradecer, minha protetora, e render graças a Deus, criador do céu, da terra e de tudo o que existe: Deus Uno e Trino, Trindade Santíssima que tendes poder de dominar o furor das tempestades e abrandar a crueldade das guerras e do mal. A vós, o louvor e a glória pelos séculos sem fim. Amém.

Santa Bárbara, rogai por nós!

Segundo dia

Pelo sinal da Santa Cruz, livrai-nos Deus, nosso Senhor, dos nossos inimigos... Em nome do Pai, do Filho e do Espírito Santo. Amém.

Santa Bárbara, virgem e mártir, rogai por nós!

Salmo 9(9A)

Senhor, quero agradecer de todo o meu coração,
quero contar todas as tuas maravilhas!
Quero me alegrar e exultar em ti,
quero salmodiar teu nome, ó Altíssimo.

Pois, ao voltarem atrás,
meus inimigos tropeçarão e perecerão
diante de tua face.

Porque realizaste meu julgamento
e minha sentença;
como justo juiz te assentaste no trono.
Repreendeste nações, fizeste o perverso perecer,
apagaste seu nome para sempre e eternamente.
As devastações do inimigo acabaram para sempre.
Arrasaste cidades. Sua memória pereceu com eles.

O Senhor se assenta eternamente,
firma seu trono para o julgamento.
Ele julga o mundo com justiça,
sentencia os gentios com retidão.
O Senhor é um baluarte para o esmagado,
um baluarte em tempos de aflição.

Os que conhecem teu nome confiam em ti,
porque não abandonaste os que te buscam, ó Senhor.

Salmodiai para o Senhor, que se assenta em Sião!
Anunciai suas ações aos povos!
Porque, preocupado com crimes sanguinários,
lembrou-se deles,
não esqueceu o grito dos oprimidos.

Senhor, sê misericordioso comigo,
vê minha opressão por parte dos que me odeiam!
És quem me eleva dos portões da morte,
para que conte todos os teus louvores
nos portões da filha de Sião!
Quero me regozijar com tua salvação.

As nações se afundaram na cova que fizeram;
seu pé ficou preso na rede que ocultaram.
O Senhor se deu a conhecer; realizou
um julgamento:
o perverso se enreda no que faz com
as próprias mãos.

Ao mundo inferior voltarão os perversos,
todas as nações que se esquecem de Deus.
Contudo, um pobre jamais será esquecido,
jamais perecerá a esperança dos oprimidos.

Ergue-te, Senhor! Que um ser mortal
não se considere forte!
Que as nações sejam julgadas diante
de tua face!
Impõe-lhes, Senhor, temor!
Que as nações reconheçam que elas
são um ser mortal.

Palavra de Deus: Mt 14,26-31

Quando os discípulos o viram caminhando sobre o mar, ficaram alarmados, e diziam: "É um fantasma!" E davam gritos de medo. Mas Jesus imediatamente disse: "Coragem, sou eu. Não tenhais medo". Pedro lhe respondeu: "Senhor, se és tu, manda-me que vá a ti sobre as águas". Ele disse: "Vem". Tendo descido da barca, Pedro caminhou sobre as águas e foi em direção a Jesus, mas, ao sentir a força do vento, teve medo e, começando a afundar, gritou: "Senhor, salva-me!". Jesus estendeu imediatamente a mão, segurou-o e disse: "Que fé pequena! Por que duvidaste?"

Oração

Santa Bárbara, virgem e mártir, que sois mais forte que as torres das fortalezas e a violência dos furacões, a vós peço hoje esta graça: (pedir a graça...).

Fazei com que os raios não me atinjam, os trovões não me assustem, o troar dos canhões e o murmúrio da maldade e da maledicência não abalem em mim a fé, a coragem, a bravura e a confiança em Deus.

Ficai sempre a meu lado para que eu possa enfrentar, de fronte erguida e rosto sereno, todas as tempestades e batalhas de minha vida, a fim de que, vencedor de todas as lutas, com a consciência do dever cumprido e a fidelidade a nosso Senhor Jesus Cristo, nosso Salvador, eu possa vos agradecer, minha protetora, e render graças a Deus, criador do céu, da terra e de tudo o que existe: Deus Uno e Trino, Trindade Santíssima que tendes poder de dominar o furor das tempestades e abrandar a crueldade das guerras e do mal. A vós, o louvor e a glória pelos séculos sem fim. Amém.

Santa Bárbara, rogai por nós!

Terceiro dia

Pelo sinal da Santa Cruz, livrai-nos Deus, nosso Senhor, dos nossos inimigos... Em nome do Pai, do Filho e do Espírito Santo. Amém.

Santa Bárbara, virgem e mártir, rogai por nós!

Salmo 27(26)

O Senhor é minha luz e minha salvação;
a quem temerei?
O Senhor é a fortaleza de minha vida;
com quem me assustarei?
Quando malvados se aproximam de mim,
a fim de devorar minha carne,
são meus adversários e meus inimigos.
Eles já tropeçaram e caíram.
Ainda que uma tropa acampada me sitie,
meu coração não teme!
Ainda que um combate se erga contra mim,
mesmo assim eu estarei confiante!

Uma coisa peço ao Senhor,
somente esta procuro:
assentar-me na casa do Senhor,
todos os dias de minha vida,
a fim de observar a gentileza do Senhor
e refletir em seu templo.

Porque, no dia do mal-estar,
me ocultará em sua cabana;
no esconderijo de sua tenda me esconderá;
sobre um rochedo me elevará.
Agora minha cabeça se eleva
sobre meus inimigos a meu redor.
E quero sacrificar em sua tenda
sacrifícios de aclamação.
Quero cantar e salmodiar ao S<small>ENHOR</small>.

Escuta minha voz, S<small>ENHOR</small>, pois clamo!
Tem misericórdia de mim e responde-me!
Meu coração refletiu sobre ti:
"Procurai minha face!"
É tua face, S<small>ENHOR</small>, que procuro.
Não escondas tua face de mim;
não inclines teu servo na ira!
És meu auxílio;
não me deixes e não me abandones,
ó Deus de minha salvação!
Ainda que meu pai e minha mãe
tenham-me abandonado,
o S<small>ENHOR</small> me acolhe.
S<small>ENHOR</small>, instrui-me em teu caminho!
Guia-me na vereda da retidão,
por causa dos que me espreitam!
Não me entregues ao desejo de meu adversário,
porque testemunhas falsas se ergueram
contra mim,
rosnando de forma violenta.

Por certo, acredito,
ao ver a bondade do Senhor na terra dos vivos!

Espera no Senhor!
Sê forte, para que teu coração resista!
Espera no Senhor!

Palavra de Deus: Mt 19,13-15

Então lhe trouxeram algumas crianças para que lhes impusesse as mãos e pronunciasse uma oração. Os discípulos as repreendiam, mas Jesus disse: "Deixai as crianças e não as impeçais de virem a mim, pois o Reino dos Céus pertence aos que são como elas". E, depois de lhes impor as mãos, retirou-se dali.

Oração

Santa Bárbara, virgem e mártir, que sois mais forte que as torres das fortalezas e a violência dos furacões, a vós peço hoje esta graça: (pedir a graça...).

Fazei com que os raios não me atinjam, os trovões não me assustem, o troar dos canhões e o murmúrio da maldade e da maledicência não abalem em mim a fé, a coragem, a bravura e a confiança em Deus.

Ficai sempre a meu lado para que eu possa enfrentar, de fronte erguida e rosto sereno, todas as tempestades e batalhas de minha vida, a fim de que, vencedor de todas as lutas, com a consciência do dever cumprido e a fidelidade a nosso Senhor Jesus Cristo, nosso Salvador, eu possa vos agradecer, minha protetora, e render graças a Deus, criador do céu, da terra e de tudo o que existe: Deus Uno e Trino, Trindade Santíssima que tendes poder de dominar o furor das tempestades e abrandar a crueldade das guerras e do mal. A vós, o louvor e a glória pelos séculos sem fim. Amém.

Santa Bárbara, rogai por nós!

Quarto dia

Pelo sinal da Santa Cruz, livrai-nos Deus, nosso Senhor, dos nossos inimigos... Em nome do Pai, do Filho e do Espírito Santo. Amém.

Santa Bárbara, virgem e mártir, rogai por nós!

Salmo 39(38)

Eu disse: "Quero guardar meus caminhos,
a fim de não pecar com minha língua!
Quero guardar minha boca com uma mordaça,
enquanto o perverso estiver diante de mim!"
Fiquei mudo. Houve silêncio!
Calei-me, sem sorte,
e minha dor piorava.
Em mim, meu coração se aqueceu;
junto a meu gemido, um fogo se acendia.
Então falei com minha língua.

SENHOR, faze-me conhecer meu fim!
Qual será a medida de meus dias?
Quero saber: Por que sou efêmero?
Eis que os dias que me deste são de uns palmos,
minha duração, diante de ti, é como um nada.
Todo ser humano que se põe de pé
não é mais do que uma ilusão. *[Pausa]*

O homem que anda para cá e para lá é
apenas uma imagem;
somente uma ilusão. Inquieta-se!
Acumula bens, mas ninguém sabe
quem os recolherá.

E agora, Senhor, que espero?
Minha expectativa, ela é por ti!
Liberta-me de todas as minhas rebeldias!
Não me entregues ao escárnio do insensato!
Estou mudo, não abro a boca,
porque tu agiste.
Afasta teu castigo de mim!
Eu me esgotei com o ataque de tua mão.
Com repreensões, corriges o homem,
por causa de um delito,
e, como uma traça, dissolves o que lhe é cobiçável;
todo ser humano é apenas uma ilusão.

Senhor, escuta minha oração,
ouve meu grito de socorro!
Não te faças de surdo diante de meu pranto,
porque eu sou um migrante junto a ti,
um forasteiro, como todos os meus pais.
Aparta teu olhar de mim! Quero sentir alívio,
antes que eu vá e não exista mais!

Palavra de Deus: Mt 24,5.9-13

Disse Jesus: "Pois muitos virão em meu nome, dizendo: 'Eu sou o Cristo', e enganarão a muitos. Então vos entregarão ao suplício e vos matarão, e sereis odiados por todas as nações por causa de meu nome. Muitos ficarão escandalizados, se delatarão uns aos outros e se odiarão uns aos outros; surgirão muitos falsos profetas e enganarão a muitos; por causa do crescimento da injustiça, em muitos se esfriará o amor; mas aquele que resistir até o final, esse será salvo".

Oração

Santa Bárbara, virgem e mártir, que sois mais forte que as torres das fortalezas e a violência dos furacões, a vós peço hoje esta graça: (pedir a graça...).

Fazei com que os raios não me atinjam, os trovões não me assustem, o troar dos canhões e o murmúrio da maldade e da maledicência não abalem em mim a fé, a coragem, a bravura e a confiança em Deus.

Ficai sempre a meu lado para que eu possa enfrentar, de fronte erguida e rosto sereno, todas as tempestades e batalhas de minha vida, a fim de que, vencedor de todas as lutas, com a consciência do dever cumprido e a fidelidade a nosso Senhor Jesus Cristo, nosso Salvador, eu possa vos agradecer, minha protetora, e render graças a Deus, criador do céu, da terra e de tudo o que existe: Deus Uno e Trino, Trindade Santíssima que tendes poder de dominar o furor das tempestades e abrandar a crueldade das guerras e do mal. A vós, o louvor e a glória pelos séculos sem fim. Amém.

Santa Bárbara, rogai por nós!

Quinto dia

Pelo sinal da Santa Cruz, livrai-nos Deus, nosso Senhor, dos nossos inimigos... Em nome do Pai, do Filho e do Espírito Santo. Amém.

Santa Bárbara, virgem e mártir, rogai por nós!

Salmo 51(50)

> Ó Deus, tem misericórdia de mim,
> conforme tua lealdade!
> Conforme a abundância de tua compaixão,
> apaga minhas rebeldias!
> Lava-me totalmente de minha culpa
> e limpa-me de meu pecado!
> Porque eu reconheço minhas rebeldias,
> meu pecado está constantemente diante de mim.
> Pequei contra ti, somente contra ti;
> fiz o que é mau a teus olhos,
> para que sejas justo ao falares
> e puro ao julgares!
> Eis que fui trazido à luz em meio à culpa,
> minha mãe me concebeu em pecado.
> Eis que aprecias a verdade no íntimo;
> secretamente me fazes conhecer sabedoria.
> Que retires de mim o pecado com hissopo,
> e serei limpo!

Que me laves, e ficarei mais branco que a neve!
Que me faças escutar festim e alegria!
Que se regozijem os ossos que esmagaste!
Esconde tua face de meus pecados!
Apaga todas as minhas culpas!

Ó Deus, cria-me um coração puro
e renova dentro de mim um espírito firme!
Não me arremesses para longe de tua face
e não retires de mim o espírito de tua santidade!
Faze-me voltar o festim de tua salvação!
E um espírito de nobreza me apoie!

Quero ensinar teus caminhos aos que se rebelam,
a fim de que os pecadores voltem a ti.
Ó Deus, Deus de minha salvação, liberta-me
dos crimes de sangue,
para que minha língua jubile com tua justiça!
Senhor, que abras meus lábios,
a fim de que minha boca anuncie teu louvor!
Porque não aprecias um sacrifício –
todavia, o daria –;
não és favorável a um holocausto.
Os sacrifícios para Deus são um espírito quebrantado;
um coração quebrantado e abatido,
ó Deus, não irás desprezar.

Faze o bem a Sião por meio de teu favor!
Que reconstruas as muralhas de Jerusalém!
Então apreciarás sacrifícios de justiça
e um holocausto completo;
então farão subir novilhos sobre teu altar.

Palavra de Deus: Mc 10,24-30

Jesus lhes disse: "Filhos, como é difícil entrar no Reino de Deus! É mais fácil um camelo passar pelo buraco de uma agulha do que um rico entrar no Reino de Deus". Eles ficaram ainda mais espantados, dizendo uns aos outros: "Então quem pode ser salvo?" Jesus olhou fixamente e disse: "Com os homens é impossível, mas não com Deus. De fato, com Deus tudo é possível". Pedro começou a lhe dizer: "Eis que nós deixamos tudo e estamos te seguindo". Disse Jesus: "Amém, eu vos digo: não há ninguém que, tendo deixado casa, irmãos, irmãs, mãe, pai, filhos ou campos por causa de mim e por causa do Evangelho, não receba cem vezes mais no tempo presente... com perseguições e, na eternidade, a vida eterna".

Oração

Santa Bárbara, virgem e mártir, que sois mais forte que as torres das fortalezas e a violência dos furacões, a vós peço hoje esta graça: (pedir a graça...).

Fazei com que os raios não me atinjam, os trovões não me assustem, o troar dos canhões e o murmúrio da maldade e da maledicência não abalem em mim a fé, a coragem, a bravura e a confiança em Deus.

Ficai sempre a meu lado para que eu possa enfrentar, de fronte erguida e rosto sereno, todas as tempestades e batalhas de minha vida, a fim de que, vencedor de todas as lutas, com a consciência do dever cumprido e a fidelidade a nosso Senhor Jesus Cristo, nosso Salvador, eu possa vos agradecer, minha protetora, e render graças a Deus, criador do céu, da terra e de tudo o que existe: Deus Uno e Trino, Trindade Santíssima que tendes poder de dominar o furor das tempestades e abrandar a crueldade das guerras e do mal. A vós, o louvor e a glória pelos séculos sem fim. Amém.

Santa Bárbara, rogai por nós!

Sexto dia

Pelo sinal da Santa Cruz, livrai-nos Deus, nosso Senhor, dos nossos inimigos... Em nome do Pai, do Filho e do Espírito Santo. Amém.

Santa Bárbara, virgem e mártir, rogai por nós!

Salmo 46(45)

Deus é abrigo e força para nós,
auxílio encontrado em muitos momentos de aflição.
Por isso, não temmos quando a terra mudar,
e as montanhas vacilarem no coração dos mares.
Suas águas agitam-se, espumam;
montanhas trepidam em sua sublimidade.

Há uma correnteza;
seus canais alegram a cidade de Deus,
o santuário das moradas do Altíssimo.
Deus está em seu meio; nunca vacila.
Deus a auxilia, ao amanhecer.
Nações se agitaram, reinos vacilaram;
Soltou sua voz, a terra estremece.
O Senhor dos Exércitos está conosco;
o Deus de Jacó é um baluarte para nós.

Vinde! Observai as obras do Senhor,
que fez devastações sobre a terra!
É quem faz cessar os combates até o extremo da terra;
quebra o arco e corta em pedaços a lança,
queima carroças no fogo.
Recuai e sabei que eu sou Deus!
Elevo-me sobre as nações,
elevo-me sobre a terra.
O Senhor dos Exércitos está conosco;
o Deus de Jacó é um baluarte para nós.

Palavra de Deus: Lc 8,16-18

"Ninguém acende uma lâmpada para escondê-la debaixo de uma vasilha ou colocá-la debaixo da cama; pelo contrário, coloca-a no candelabro para que os que entram vejam a luz. Porque nada há de oculto que não se torne manifesto, nem nada de secreto que não venha a ser conhecido ou se tornar público. Portanto, tende cuidado como ouvis! Porque a quem tem será dado, mas quem não tem, mesmo o que pensa ter, lhe será tirado."

Oração

Santa Bárbara, virgem e mártir, que sois mais forte que as torres das fortalezas e a violência dos furacões, a vós peço hoje esta graça: (pedir a graça...).

Fazei com que os raios não me atinjam, os trovões não me assustem, o troar dos canhões e o murmúrio da maldade e da maledicência não abalem em mim a fé, a coragem, a bravura e a confiança em Deus.

Ficai sempre a meu lado para que eu possa enfrentar, de fronte erguida e rosto sereno, todas as tempestades e batalhas de minha vida, a fim de que, vencedor de todas as lutas, com a consciência do dever cumprido e a fidelidade a nosso Senhor Jesus Cristo, nosso Salvador, eu possa vos agradecer, minha protetora, e render graças a Deus, criador do céu, da terra e de tudo o que existe: Deus Uno e Trino, Trindade Santíssima que tendes poder de dominar o furor das tempestades e abrandar a crueldade das guerras e do mal. A vós, o louvor e a glória pelos séculos sem fim. Amém.

Santa Bárbara, rogai por nós!

Sétimo dia

Pelo sinal da Santa Cruz, livrai-nos Deus, nosso Senhor, dos nossos inimigos... Em nome do Pai, do Filho e do Espírito Santo. Amém.

Santa Bárbara, virgem e mártir, rogai por nós!

Salmo 67(66), 2–68(67), 10

Que Deus seja misericordioso conosco
e nos abençoe!
Que sua face nos ilumine,
para que se conheça teu caminho na terra
e tua salvação entre todas as nações.

Ó Deus, que os povos te agradeçam!
Que os povos, todos eles, te agradeçam!
Que os gentios se alegrem e exultem,
porque julgas os povos com retidão!
E os gentios na terra, tu os guias.
Deus, que os povos te agradeçam!
Que os povos, todos eles, te agradeçam!

A terra deu sua produção;
que Deus, nosso Deus, nos abençoe!
Que Deus nos abençoe!
Que todos os confins da terra o temam!

Deus se levanta,
seus inimigos se dispersam;
fogem de sua face os que o odeiam.
Dissipas como o dissipar-se da fumaça;
como o derreter-se da cera diante do fogo,
perecem os perversos diante de Deus.
Os justos, porém, alegram-se;
exultam diante de Deus
e, na alegria, estão contentes.

Cantai a Deus, salmodiai seu nome!
Realçai quem cavalga nas estepes
com "seu nome é S<small>ENHOR</small>";
celebrai diante dele!
Pai de órfãos e defensor de viúvas;
Deus está na habitação de sua santidade.
Deus assenta solitários;
rumo à casa,
faz prisioneiros saírem para a prosperidade.
Apenas rebeldes moram na aridez.

Ó Deus, quando tu saíste diante de teu povo,
quando tu marchaste no ermo,
a terra trepidou;
até os céus gotejaram diante de Deus, o do Sinai,
diante de Deus, o Deus de Israel.
Derramas, ó Deus, a chuva das generosidades;
tua herança, que está esgotada, tu a firmas;
teus seres vivos nela se assentam.
Ó Deus, em tua bondade, firmas o oprimido.

Palavra de Deus: Lc 8,19-21

Foram encontrá-lo [Jesus] sua mãe e seus irmãos, mas não conseguiam chegar até ele por causa da multidão. Então lhe informaram: "Tua mãe e teus irmãos estão lá fora, querendo te ver". Mas ele respondeu-lhes: "Minha mãe e meus irmãos são os que escutam a Palavra de Deus e a põem em prática".

Oração

Santa Bárbara, virgem e mártir, que sois mais forte que as torres das fortalezas e a violência dos furacões, a vós peço hoje esta graça: (pedir a graça...).

Fazei com que os raios não me atinjam, os trovões não me assustem, o troar dos canhões e o murmúrio da maldade e da maledicência não abalem em mim a fé, a coragem, a bravura e a confiança em Deus.

Ficai sempre a meu lado para que eu possa enfrentar, de fronte erguida e rosto sereno, todas as tempestades e batalhas de minha vida, a fim de que, vencedor de todas as lutas, com a consciência do dever cumprido e a fidelidade a nosso Senhor Jesus Cristo, nosso Salvador, eu possa vos agradecer, minha protetora, e render graças a Deus, criador do céu, da terra e de tudo o que existe: Deus Uno e Trino, Trindade Santíssima que tendes poder de dominar o furor das tempestades e abrandar a crueldade das guerras e do mal. A vós, o louvor e a glória pelos séculos sem fim. Amém.

Santa Bárbara, rogai por nós!

Oitavo dia

Pelo sinal da Santa Cruz, livrai-nos Deus, nosso Senhor, dos nossos inimigos... Em nome do Pai, do Filho e do Espírito Santo. Amém.

Santa Bárbara, virgem e mártir, rogai por nós!

Salmo 16(15)

Guarda-me, Deus,
porque em ti me abrigo!
Disse ao Senhor:
"Tu és meu Senhor, minha bondade!
Não há nada acima de ti!"

Quanto aos santos que estão na terra e aos nobres,
todo o meu apreço está com eles.
Que se multipliquem as mágoas daqueles
que acorrem a outro!
Não derramarei sua libação de sangue,
nem carregarei seus nomes sobre meus lábios.

Senhor, és a porção de minha parte e de minha taça;
tu sustentas minha sorte.
Cordas de medição caíram em lugares
agradáveis para mim;
certamente minha herança me agrada.

Bendigo o SENHOR que me aconselha;
além disso, nas noites meus rins me corrigem.
Coloco o SENHOR sempre à minha frente;
quando está à minha direita, não vacilo.

Por isso, meu coração se alegra
e meu fígado se regozija;
também minha carne mora em segurança.
Porque não abandonas minha alma no
mundo inferior,
nem fazes teu leal ver a cova.
A vereda da vida me fazes conhecer;
junto à tua face há um saciar-se de alegrias;
delícias estão perpetuamente à tua direita.

Palavra de Deus: Jo 3,31-36

Aquele que vem do alto está acima de todos. Aquele que é da terra, fala a partir da terra... Aquilo que viu e ouviu, isso testemunha, mas ninguém recebe o seu testemunho. Aquele que recebe seu testemunho confirma que Deus é verdadeiro. De fato, aquele que Deus enviou fala as coisas de Deus, pois ele dá o Espírito sem medida. O Pai ama o Filho, e tudo colocou em sua mão. Quem crê no Filho tem a vida eterna; quem, porém, é rebelde ao Filho não verá a vida, e a ira de Deus permanece sobre ele.

Oração

Santa Bárbara, virgem e mártir, que sois mais forte que as torres das fortalezas e a violência dos furacões, a vós peço hoje esta graça: (pedir a graça...).

Fazei com que os raios não me atinjam, os trovões não me assustem, o troar dos canhões e o murmúrio da maldade e da maledicência não abalem em mim a fé, a coragem, a bravura e a confiança em Deus.

Ficai sempre a meu lado para que eu possa enfrentar, de fronte erguida e rosto sereno, todas as tempestades e batalhas de minha vida, a fim de que, vencedor de todas as lutas, com a consciência do dever cumprido e a fidelidade a nosso Senhor Jesus Cristo, nosso Salvador, eu possa vos agradecer, minha protetora, e render graças a Deus, criador do céu, da terra e de tudo o que existe: Deus Uno e Trino, Trindade Santíssima que tendes poder de dominar o furor das tempestades e abrandar a crueldade das guerras e do mal. A vós, o louvor e a glória pelos séculos sem fim. Amém.

Santa Bárbara, rogai por nós!

Nono dia

Pelo sinal da Santa Cruz, livrai-nos Deus, nosso Senhor, dos nossos inimigos... Em nome do Pai, do Filho e do Espírito Santo. Amém.

Santa Bárbara, virgem e mártir, rogai por nós!

Salmo 42(41)

> Como a corça anseia por leitos de água,
> assim minha alma anseia por ti, ó Deus.
> Minha alma está com sede de Deus,
> do Deus vivo.
> Quando entrarei e me farei ver diante
> de Deus?
> Meu pranto se tornou pão para mim,
> dia e noite,
> ao dizer-me todo dia:
> "Onde está teu Deus?"
> Quero lembrar-me de certas coisas
> e minha alma quero derramar contra mim;
> porque eu avançava junto com a multidão,
> deslocava-me com eles até a casa de Deus,
> em meio à voz de júbilo e ação de graças,
> em meio à agitação festiva.

Por que te abates, ó minha alma,
e te agitas contra mim?
Aguarda por Deus,
porque ainda lhe agradecerei,
ó salvação de minha face e meu Deus!

Contra mim minha alma se deixa abater.
Por isso, lembro-me de ti,
na terra do Jordão e do Hermon,
no monte Mizar.
O abismo clama ao abismo,
junto ao som de tuas ressacas;
todas as tuas vagas e as tuas ondas
passaram por cima de mim.
De dia o Senhor promulga sua lealdade,
e de noite seu canto está comigo,
uma oração ao Deus de minha vida.
Quero dizer para Deus: "Minha rocha!
Por que me esqueceste?
Por que ando cabisbaixo
com a repressão do inimigo?"
Junto com o aniquilamento de meus ossos,
meus agressores me escarneceram,
ao me dizerem eles todo dia:
"Onde está teu Deus?"

Por que te abates, ó minha alma,
e te agitas contra mim?
Aguarda por Deus,
porque ainda lhe agradecerei,
ó salvação de minha face e meu Deus!

Palavra de Deus: Jo 6,58-64

"Este é o pão que desceu do céu, não como aquele que vossos pais comeram e morreram. Quem come este pão viverá para sempre." Ele disse estas coisas ensinando em uma sinagoga de Cafarnaum. Então, muitos de seus discípulos, tendo ouvido estas coisas, disseram: "Dura é esta palavra. Quem pode ouvi-la?" Jesus, porém, sabendo por si mesmo que seus discípulos murmuravam por causa disso, disse-lhes: "Isto vos escandaliza? E quando virdes o Filho do Homem subindo para onde estava antes? O espírito é que vivifica, a carne nada alcança. As palavras que eu vos disse são espírito e vida, mas entre vós, alguns que não creem".

Oração

Santa Bárbara, virgem e mártir, que sois mais forte que as torres das fortalezas e a violência dos furacões, a vós peço hoje esta graça: (pedir a graça...).

Fazei com que os raios não me atinjam, os trovões não me assustem, o troar dos canhões e o murmúrio da maldade e da maledicência não abalem em mim a fé, a coragem, a bravura e a confiança em Deus.

Ficai sempre a meu lado para que eu possa enfrentar, de fronte erguida e rosto sereno, todas as tempestades e batalhas de minha vida, a fim de que, vencedor de todas as lutas, com a consciência do dever cumprido e a fidelidade a nosso Senhor Jesus Cristo, nosso Salvador, eu possa vos agradecer, minha protetora, e render graças a Deus, criador do céu, da terra e de tudo o que existe: Deus Uno e Trino, Trindade Santíssima que tendes poder de dominar o furor das tempestades e abrandar a crueldade das guerras e do mal. A vós, o louvor e a glória pelos séculos sem fim. Amém.

Santa Bárbara, rogai por nós!

Paulinas

Rua Dona Inácia Uchoa, 62
04110-020 – São Paulo – SP (Brasil)
Tel.: (11) 2125-3500
paulinas.com.br – editora@paulinas.com.br
Telemarketing e SAC: 0800-7010081